Sunken Heights

Sunken Heights

by

Elias B. Rønnenfelt

Anthology Editions
New York

I.

Kappesvøbt i dvale

Velopdragen, som løven der lydigt underminerer sin drift til at bide sammen

Med løvetæmmerens kranium imellem tænderne

Vågnet i flugt

Løbet bort til min afskyede, mit kærkomne fødested

Godmodig, med tusinde flyvende tanker

Klippet over af sakse lagt i hænderne på de sene timer fra i går

Langt fra dette til-mudrede overblik

En tæmmet hund der løb væk fra sin ejer

Mit ansigt er fotokopieret, ophængt på lygtepæle

I det nabolag hvor pligt ligger bundet

Kortvarigt ynglet på ny

Tankernes vægt smidt om ryggen

Den vrider sig og knirker i stolene

Hører uden at lytte

At leve uden at være i live

Afskrive sandhed hinsides løgnen

Min forstand er som en boomerang

Jeg bliver ved med at kaste den væk, men der går aldrig længe før den
        rammer mig igen,

Brænder mine skoldede hænder indtil jeg må give slip

I.

Cloaked in slumber

Well-behaved, like the lion, who obediently undermines its urge to bite

With the lion tamer's skull between the teeth

Woke up in flight

Ran away to my despised, my cherished birthplace

Benevolent, with a thousand flying thoughts

Cut in pieces by scissors laid in the hands of the late hours of yesterday

Far from this muddied vantage point

A tamed dog who ran away from its owner

My face is photocopied, hung on lampposts

In the neighborhood where obligation lies bound

Briefly bred anew

The weight of my thoughts, strapped to my back

It twists and creaks in the chairs

Hearing without listening

To live without being alive

Dismiss truth beyond lying

My mind is like a boomerang

I keep throwing it away, but it never takes long before it hits me again,

Burns my scalded hands until I'm forced to let go

Forsømte fraskilte brusende strømme, skyder op som gejsere fra
uundgåeligheden

Selv de mindste huller i skroget vil, over tid, synke de største både

Dagen kom

Hvor hund blev til mand

Neglected parted rushing currents, shooting up like geysers of inevitability

Even the smallest holes in the hull will, over time, sink the largest boats

The day arrived

When dog became man

Jeg kalder efter gensvar

Det der summer i luften

Vibrerende i luftspændte tråde, dirrende på overflader

Må i svirre igennem mig

Suges ind i maven i ilt-udvidende trykbølger

Jeg er til stede

Over alle distancer trådt har jeg trukket noget med

Mine øjne har set mere end min hukommelse

Du lever i mit blod, og du vil svæve gennem mine årer

Så længe at det stadig løber varmt

Visse dage overrasker det mig at jeg stadig findes

Et vedvarende chok over tilværelsens evindelige fortsættelse

Hvis ét er må der også være et næste

Hvis to er, må de splittes

Stræber efter ikke at forstå

Tiden løber ud, løber hen, løber bort

Løber som besat i sin egen kroniske ro

Alting udfolder sig stødt

I en syndflod bæres jeg langs strømmen og slynges ind i dens opbrudte enheder

Hvis ét kan kædes sammen med ét har du en start

I call for response

Wailing in the air

Vibrating in air-tightened threads, trembling on surfaces

May you whirl through me

Sucked into the stomach in oxygen-expanding pressure waves

I am present

I've dragged something with me across every trodden distance

My eyes have seen more than my memory

You live in my blood and you will float through my veins

For as long as it still runs warm

Some days it surprises me that I still exist

A relentless shock at life's everlasting continuation

If there is one, there must also be a following

If there are two, they must split

Striving not to understand

Time runs out, runs by, runs away

Runs as if bedeviled in its own chronical lull

Everything unfolds steadily

Through a river of sin I am carried along and cast into its broken-up units

If one can be chained to another, you have a start

Ligesom slangen med halen i sin mund udmunder slutningen i en
    begyndelse

Intet slutter, aldrig

Alt skal videre

At give er ikke en investering

Uden et håb om at få

At sætte noget i ramme er i sig selv nytteløst

Man kan kun elske vores forbigåede forsøg

Sammenhæng en illusion

Ikke at skulle mærke solestjernens vægt, blot at skulle kysses af dens
    lette stråler

Hold mig i hånden

Et legeme uden vægt

Jeg har set poteaftryk i sneen fra væsener der aldrig kommer til at eksistere

Like the serpent with its tail in its mouth, the end culminates into a
     beginning

Nothing ends, never

All must move on

To give is not an investment

Without hope of recompense

Framing something is in itself idle

One can only love our failed attempts

Coherence an illusion

Not to feel the weight of the brightest star, just to be kissed by its
     delicate rays

Hold my hand

A substance without weight

I have seen paw prints in the snow from creatures that will never exist

3.

Kan du huske den aften da dit næseblod flød ud over dine bryster

Ilten var vævet ud af vores fælles åndedræt

Skinnende, blodrig og allestedsnærværende

Åbnede alle verdeners sluser

Aldrig før, aldrig siden

Et enormt antal jomfruhinder blev sprunget

Først en pige, nu en slags ledestjerne

Her, som i alle skrøner

Jeg var ung og intet havde forberedt mig på den verden der nu funklede
op imellem os

Alle ligegyldigheders modsætning

Du viste mig noget som jeg ikke tror du vidste fandtes i dig

Nu er du med dine børn, og engang mistede du mit …

Dit.

Vores.

Ingen forestillede sig de flænger vi senere ville forvolde hinanden

Og hvor forudsigelige kærlighedens almene mønstre viste sig at være

Ikke i den genklang som bugner i mit bryst

Det dvæler i mig, som et levende relief

Jeg håber det også gør i dig

Do you remember the night your nosebleed fled across your breasts

The air was woven out of our shared breathing

Shining, blood-filled, and omnipotent

Opened the floodgates of every cosmos

Never before, never since

An enormity of hymen was sprung

First a girl, now some kind of guiding star

Here, as in all the stories

I was young and nothing had prepared me for the world that now sparked up between us

The antithesis of indifference

You showed me something I don't think you knew existed in you

Now you are with your children and once you lost mine …

Yours.

Ours.

None of us imagined the wounds we would later inflict on each other

And how predictable love's generic patterns revealed themselves to be

Not in the reverberation abounding in my chest

It lingers in me, like a living carved relief

I hope it does in you too

Vi levede for en stund i en nu forsvunden verden

Skønhed som skæret fra en atombombe

Ingen kunne have overlevet uden at blive mærket

Vi boede i hver vores ende af den samme gade, og når jeg tænker på vores
tid sammen er den indhyllet i trækronerne der løb langs distancen
mellem vores respektive værelser

Dig hos din mor, mig hos min far

Verden var så meget mindre end nu, for en stund indeholdt den alle de
frugter vi havde behov for at plukke

Få år efter, den dag jeg skulle pakke værelset sammen hvor vi tilbragte vores
første nat

Dér fandt jeg i en skuffe et gammelt tørklæde som jeg instinktivt duftede til

Da antydningen af din parfume gik ind igennem min næse passerede
alle vores dage gennem mig, foran mit syns felt i hurtige eksplosive
billeder;

Et godstog af genklange

Efter billederne var løbet bort sad jeg igen tilbage på det halvpakkede
værelse og tænkte på dig

Tak for alt

We lived for a while in a world now perished

Beauty like the blaze from an atom bomb

No one could've survived without becoming marked

We lived each at our end of the same street, and when I think of our time
together it is shrouded in the treetops that ran along the distance
between our respective rooms

You at your mother's, me with my father

The world was so much smaller than now, for a while it contained all the
fruit we could pluck

A few years later, the day I was to pack up the room where we spent our
first night

There I found in a drawer an old scarf that I instinctively inhaled

As the hint of your perfume went in through my nose, all our days passed
my field of vision in fast, combusting images;

A freight train of past echoes

Once the pictures had seeped out, I sat back in the half-packed room and
thought of you

Thank you for everything

Sjælen ligger ikke i materialerne vi bygger af, men i hånden der former dem

Genstandens duelighed ligger ikke i redskabet men i armen der fører det

Ømhed ligger ikke i ordet, den knuger i stemmebåndet

Kan man drage uden at bedrage?

Aldrig ført, men hvem skulle ville have mine tøjler

Vild af rabies

En bedøvet køter

Fjenden tog afstand

Oppositionen holdt fest

Modparten gav afkald

Jeg måtte løbe rundt i ellipser om mig selv, støvskyer fra de trampende fødder

Indtil at jeg mest bare var et makværk

Fragtet videre ind i de opbrydende æoner

4.

The soul does not lie in the materials we build from, but in the hand from
    which they're shaped

The ability of the object lies not in the tool but in the arm that guides it

Tenderness does not lie in the word, it grasps at the vocal cords

Can one withdraw without deceit?

Never led, but who would want my reins

Frenzied by rabies

An anesthetized carnivore

The enemy kept distance

The opposition held a party

The counterpart waived

I had to run in ellipses around myself, clouds of dust from the trampling feet

Until I was mostly just a clutter

Carried further into the fracturing eons

5.

Visse kilder kan ikke drænes

Gennem håb om uendeligheden

En tro

Tvivlens endeligt

At bæres af kærligheden så man ikke behøver at bære sig selv

Alle mine illusioner mundføder jeg som en fugle-mor

Realiteterne skubbet væk

Nu er du immun

Det som altid bærer og aldrig brister

Jeg er kaptajn på fantasiens isbryder gennem sandhedens hav

Høj på indbildningens rus

Power tripper på drømmenes bundløse resurser

Hvis bølgerne skulle tage til benægter jeg blot deres eksistens

Skibet kan ikke synke hvis det ikke fandtes i første omgang

Hallucinationernes oprør mod den fælles forståelse

5.

Some sources can't be drained

Through hope of the infinite

A credence

The finality of doubt

To be carried by love so that one does not have to carry oneself

All my illusions I mouthfeed like a mother bird

Reality pushed away

Now you are immune

That which always carries and never cracks

I am the captain on the icebreaker of fabrication, sailing through seas of
certainty

High on the rush of pretense

Power tripping on the bottomless resources of dreams

If the waves were to heighten, I would just deny their existence

The ship cannot sink if it didn't exist in the first place

Hallucinations revolt against common perception

6.

Afvisningen er den fineste form for accept

Ubrugelighed en kundskab

Alting bliver altid benyttet

Alting kronisk brugt

Alle brikker må indtage deres respektive pladser

Alt må se sig videre, alt må skifte form

Tro ikke du kan blive siddende

Men hvis jeg kunne stoppe tiden ville jeg gøre det for dig

Og vi ville sidde i audiens hos evigheden ligeså længe som du kunne udstå

Måske vi ville være frie, vandre en forstenet klode

Betragte dens statiske beboere som en skulptur i absurd og blændende helhed

Indtage stillestående flammer

Plukke dens aldrig rådnende frugter

6.

Rejection is the finest form of acceptance

Uselessness an expertise

All is always used

Everything chronically applied

All pieces must occupy their respective seats

Everything must see itself further, everything must change form

Don't think you can stay seated

But if I could stop time, I would do it for you

And we would sit in audience with eternity for as long as you could endure

Maybe we could be free, wandering a stock-still globe

Examine its static inhabitants as a sculpture in an absurd and dazzling whole

Ingest stagnant flames

Pick its never-rotting fruit

Da jeg sad i galehuset i går var det ikke gået op for mig at det ikke kun var mig, men os alle der var overbevist om at være det eneste raske individ til stede

Den manglende ingrediens udgør mere end det samlede hele

Lad os putte globen i en skuffe, sætte kommoden på loftet og glemme alt om den for en stund

Ligeledes vores viden, se den har lastet os længe nok

Uden den kunne vi måske begynde at opleve igen

Jeg talte til min ven

Kun med intentionen om at blive overhørt af manden der sad stadigt sunket længere ned i sin stol

Øjenlåg trukket halvvejs ned over øjeæblerne

Ved sin bevidsthed men hæmmet af eget indtag

Jeg talte kun i ord han ville afsky, ord som trådte imod hans ideologier

Nu mere jeg ophidsede ham, nu mere blev han klar over sin egen utilstrækkelighed

Et angreb på noget jeg var bange for at blive til

En aggression mod noget jeg kunne se i mig selv

Vi drak af samme forplumrede sø

Og med den falmende ungdom på min side rejste jeg mig hånligt over ham

Hans kæbeparti strakte og trak sig i utilfredse grimasser, men ordene der skulle sætte mig på plads kunne ikke komme ud, alt imens han blev overrumplet af mine

Han forsøgte at drikke mere af søen i håb om at den kunne befri ordene fra hans indre

When I sat in the madhouse yesterday, it had not dawned on me that it wasn't only me but all of us who had convinced ourselves to be the only sensible individual present

The missing ingredient makes up more than the collected whole

Let's put the globe in a drawer, put the dresser in the attic, and forget about it for a while

Likewise our knowledge, see, it has burdened us long enough

Without it, perhaps we could begin to experience again

I was talking to my friend

Only with the intention of being overheard by the man who sat sunk ever further down in his chair

Lids pulled halfway down across the eyeballs

Conscious but inhibited by his own intake

I spoke only in words he would loathe, words that trod on his ideologies

The more I riled him up, the more he became aware of his own inadequacy

An attack on something I was afraid of becoming

An aggression against something I could see in myself

We drank from the same nebulous lake

And with the fading youth on my side, I scornfully rose above him

His jaws stretched and pulled in dissatisfied sneers, but the words that were supposed to put me in my place could not come out, all the while he was being superseded by mine

He attempted to drink in more of the lake, in hope that it could free the words from his interior

Men det var søen som i første omgang havde passiviseret hans ammunition

Jeg, en royal idiot, fortsatte med at danse på hans idéer

Han søsatte endnu et angreb, men affyrede med manglende vitalitet fra en
benzinløs motor

Da jeg gik derfra fandt jeg ud af at jeg ikke havde sejret, men tabt

Ikke til ham, men til mig selv

Vælg dine kampe, var dit ord

But it was the lake that initially had pacified his ammunition

I, a royal idiot, kept dancing on his ideas

He launched another attack, but fired with the lacking vitality of an engine empty of gasoline

As I walked away I found out I had not won but lost

Not to him, but to myself

Choose your battles, guard your word

8.

Forgabt og forvildet i konturer

Når hår blafrer frem i medvinden med en svømmende form for ynde

En modpart til det interne hulrum

Bagfra gemmer den lange manke på mysteriet om et ansigt

Navigerende intuitivt

Indånder væren ind i det livløse hylster

En stemme resonerer melodisk gennem rummet

Et nåde, et kærtegn

Et opponent omrids

Intet øje uden et vist skær af skønhed

Bærer det altid

Du, spolerede dame

Selv dig, din forskruede so

Og dig, kvinden der så det hele

Dig der huser dem alle

Furie og kokette

Tak til hvert et bryst

Hver eneste brist en grundsten i egen perfektion

8.

Marveled and lost in contours

When hair flutters forward in the tailwind with a swimming form of grace

A counterpart to the internal cavity

From behind, the long mane covers the mystery of a face

Navigating intuitively

Inhaling presence into the lifeless sheath

A voice resonates melodically through the room

A mercy, a caress

An opponent outline

No eye without a certain tinge of beauty

Always bearing

You, marred dame

Even you, you crooked hag

And you, the woman who saw it all

You who house them all

Shrew and coquette

Thanks to every breast

Every flaw a cornerstone of its own perfection

9.

Alting hænger

Et pendul mellem spænding og forløsning

Jeg selv som den svingende kugle, med ønsket om uigenkaldeligt at sakse
snoren der holder mig fast

Rulle væk, ramme noget andet eller ramle ud over bordkanten

Parat til at tage faldet

I mine sving har jeg anet ud over bordkantens grænser, set udover rummet
og anet døren stå på klem

Jeg ved at der findes en anden side

Mange af os holder os i gang gennem forestillingen om mere

Vi skal ikke søge hele vejen til verdensrummet for at blive mødt af det
ukendte

Jeg ønsker at dø, i tide, med legioner af ubesvarede spørgsmål

Svaret på mange har mit hjerte forlængst besvaret, men hovedet har svært
ved at følge med

Kortfristet frihed giver mig lyst til at skyde en pistol af imod loftet, da det
ville være et mere sigende udtryk end mit ord

Man søger kun accept indtil den er opnået

Mit pendul er blevet til en maskinført nedrivningskugle, jeg sidder på
larve-dæk og er bedøvende ligeglad med om hvor vidt døren er ladt
på klem eller ej

Mejer ind i det ubekendte

Snart

En uvelkommen gæst

9.

Everything is hanging

A pendulum between tension and release

Myself as the swinging orb, with an irrevocable desire to cut the string that
holds me

To roll away, ram into something else or fall over the table's edge

Ready to take the plunge

In my swaying I have glanced out beyond the table edge, looked across the
room, and seen the door ajar

I know there is another side

Many of us keep ourselves going through the notion of more

We do not have to search all the way to the galaxy to be greeted by the
unknown

I wish to die, in time, with legions of unanswered questions

Long ago my heart answered many, but the head has a hard time keeping up

Short-lived abandon makes me want to shoot a gun at the ceiling, as it
would be a more telling expression than my word

One seeks acceptance only until it has been achieved

My pendulum has become a machine-driven demolition ball, I sit on
caterpillar tracks and I am stunningly indifferent to whether the door
is open or not

Mowing into the uncharted

Soon

An uninvited guest

Man kan ikke lægges i spænde hvis man uden ophold rykker frem

Hvis bare mine læber var store nok til at kysse en hel bygning

Først når jeg finder et sted der kan påskønne min ødelæggelse vil jeg slå
  mig ned

Dér ligger enden på min vej

One cannot lie constrained while moving forward without stop

If only my lips were big enough to kiss an entire building

Only when I find a place that can appreciate my wreckage will I cast
myself down

There lies the end of my line

Det rene hjerte sat på prøve i gifttåger

Han trives alene

Ikke altid for at være sammen med sig selv, men for at være væk fra de andre

Lidenskabelighedens bæger vil flyde over, ventilen er i stykker, så det løber
   ned langs siderne i stedet for at skyde ud

Idealer holdes som et guldæg i det indre

Et mildt ansigt med en kriminel skygge og en drengelig uskyld

Sjælens bånd er bundet til netop denne regions kroge, dér hvor land er
   åbent

Alene med vilde heste i Sydspaniens bjerge

Aftensolen og den lette vind i en union af forvandlende farver

I følelsernes højnede tilstand

Alarmerende lyde fra scootere i det fjerne mørke

En klang af hasarderede hensigter og truende natur

Med ét blev sikkerhedsnettet fjernet

Heart put to test in the poison mist

He thrives alone

Not always to be with himself, but to be away from others

The cup of passion will overflow, but the valve is broken so it runs down the sides instead of bursting out

Ideals are kept like a golden egg in his inner

A gentle face with a criminal shadow and a boyish innocence

The bonds of the soul are bound to the nooks and crannies of this region, where land is open

Alone with wild horses in the mountains of southern Spain

The evening sun and the light wind in a union of altering colors

In the heightened state of perception

Alarming sounds from scooters into the distant dark

A resonance of hazardous intent and ominous nature

At once the safety net was dislodged

II.

Tiden er inde til at skure henover vandet mens luften cirkulerer igennem
    det indre

En respiration der kun suger ind og aldrig puster ud

Ballonen som konstant udvider sig, men aldrig sprænger

Pust til gløderne, blæs dem ind i deres øjne

Trangen til at lade vores omgivelser erodere til nye landskaber

Vi skal eksplodere til nye mennesker

Og vi skal alle falde og mase rundt i massive dynger

Vores ansigter mere brogede, øjne mere blodsprængte, vore træk overdrevne

Karikaturer af vores tidligere selv, kronisk berusede, øjne i vand pegende
    med pupiller

Intet kan stå stille længere, alt vil være blidt flydende

Gulve vil ikke længere stå stille

Led der før bøjede én vej bøjer nu i flere

Hvis du hopper vil det tage længere tid at lande

Nogen gange så lang tid at du fortryder at have taget afsættet mens du
    stadigvæk hænger i det

Og du er smuk når du maler i luften

Dit hår flyder som var det under vand

Din hud lyser som et stykke silkestof over en elpære

Sproget er nu konstant omformende lyde

Jeg kan se ordene flyde ud af munden og gennem rummet som geléagtige
    perlemors glødende røgskyer

The time has come to spurt across the water as the air circulates through the inner

A respiration that only ever sucks and never exhales

The balloon constantly expanded, but never burst

Blow into the embers, swirl them into their eyes

The urge to let our surroundings erode into new landscapes

We're going to explode into new people

And we're all going to fall and cram into massive heaps

Our faces more motley, eyes more bloodshot, our features exaggerated

Caricatures of our former selves, chronically inebriated, glassy eyes pointing with pupils

Nothing can stand still anymore, everything will be gently flowing

Floors will no longer stand still

Joints that used to bend one way now bend in several

If you jump, it will take longer before you hit the ground

Sometimes so long that you regret having taken the leap while still hanging in it

And you are beautiful when you're painting in the air

Your hair flows as if underwater

Your skin glows like a piece of silken fabric over a light bulb

Now, language is constantly mutating sounds

I can see the words flowing out the mouth and through the room like jellyish mother-of-pearl-glowing clouds of fume

Dine ord hører jeg ikke gennem mine øregange, jeg mærker dem mod
    min hud

Jeg har glemt hvordan man gør andet end at iagttage

Hver en bekendt handling aktiverer en uforudset muskel og funktion

Alle bevægelser trukket ud i en rytme-løs dans

Bestøve natteblomstrene flora

Ingen bevægelse tør skifte retning, for her er alting en videreførelse

Tag min hånd

Som varmesøgende fluer skal vi flyde ind mod lyset indtil alting blændes

I do not hear your words through my ear canals, I feel them against
    my skin

I forgot how to do anything but observe

Every known action activates an unforeseen muscle and function

All movements drawn out into a rhythmless dance

Pollinate the night-blooming flora

No movement dares to change direction, because here everything
    is a continuation

Take my hand

Like heat-seeking flies we must float toward the light, until everything
    is blinded

En krop i migration

Ansigt badet i lysglimt, brudt af forbipasserende objekter

Et legeme i evindelig transport

Strejfer bort, væk fra ét nærvær og hen til det næste

Vil altid have mere, et umætteligt ingenting du aldrig kan brødføde

Den vil drikke fra en mund, tage fat om et andet

Inviteres ind i forbudne rum, dirke låste døre

Halter gennem hver by, spejder mod vinduers tændte lamper

Den nemmeste mand at forføre

I aften kan jeg være dit lys, en blinkende halv-defekt lanterne

Og du er så smuk i dens skær

A body in migration

Face bathed in the flickering flashes of light, broken by passing articles

A frame in boundless transportation

Roams away, from one nearness and on to the next

Always wanting more, an insatiable nothing you can never saturate

It wants to drink from one mouth, grasp toward another

Invited into forbidden rooms, picking locked doors

Limping through each city, scouting toward lit windows

The easiest man to seduce

Tonight I can be your light, a shimmering half-defective lantern

And you're so beautiful in its glow

13.

Hun hengav sig til min uafhængighed

Fyldige læber møbleret rundt i mørket

Uden for vinduet ligger ondskabens linjer og fjenden kan se direkte ind i dig

Spændt imellem

Grænsepatruljer mandet med geværer

På begge sider

I sammenspil med månens blanke lys henover din hud

Fluorescerende krampetræk

Instinktet der ved hvad det skal gøre

Hårdt i blødt

13.

She devoted herself to my independence

Full-bodied lips furnished 'round in the dark

Outside the window lies the lines of evil and the enemy can look directly
into you

Suspended in between

Border Patrol manned with rifles

On both sides

In cohesion with the vacant light of the moon across your skin

Fluorescent convulsions

The instinct that knows what to do

Hard in soft

I visirets spejlbillede findes et mylder af bevægelse

Hvert øjeblik ukoreograferet

Finder en løbende orden

Undvigelse for undvigelse

Millioner af instanser med hver deres egen agenda og destination

I al hemmelighed at være uden mål og retning

Kun væbnet med den daglige vandring imod dagens ende

Hvert minut vælges et alibi med skødesløs omhu

Båret af intethedens opgave, der søges om hjørner, i kroge efter bytte;

En historie der kan fortælles videre

Etage på etage

Døre langs gange

Søger altid efter en bristning

I hvilken som helst forstand

Som ved en søjlekaktus' pludselige blomstring

I tide skal jeg nok smide mig selv ud igen

Det er et løfte

14.

Mirrored in the visor is a throng of movement

Every moment unchoreographed

Finding a continuous order

Evasion by evasion

Millions of instants with each their own agenda and destination

In all secrecy to be without goal or direction

Only armed with the daily trek toward day's end

Each minute, an alibi is chosen with careless consideration

Carried by the chore of nothingness, searching in crooks and alleys after prey;

A story to be retold

Floor upon floor

Doors along corridors

Always searching for a rupture

In any sense

As in the sudden flowering of a night-blooming cereus

In time, I'll be sure to kick myself out once again

That's a promise

15.

Kvindens aldrende ansigt, på vej hjem

Iblandt menneskemængder

Vidner om et liv af accepterede fortrydelser

Byrde har gjort hendes blik smukkere end det engang har været

Der ligger en ro hos dem der har klaret sig igennem

Når det regner slår du ikke paraplyen ud, du retter ryggen

15.

The woman's aging face, on her way home

Among the crowd

Suggests a life of accepted regret

Burden has made her gaze more beautiful than it once was

There is an inherent calm among those who have made it through

When it rains you do not break out the umbrella, you straighten your back

Samlet op på gaden, min flakkende sjæl

Ingen havde modet til at sove, så vi mis-oversatte hinanden i timer

Et væsen så inkongruent at jeg aldrig ville kunne forstå hverken
hendes ord eller mine

Mimende indtil brusende fortrolighed

Omringet

Midt i det hele

Vikler mig ind i dem som et slør

De kunne ligeså godt have været spøgelser

Fortsættelsen synes ustoppelig

Så længe verdens lagre af gift endnu ikke er udtømte

Strøgne pengesedler i små kuverter

Valuta i hvirvelvind

Du dukker op igen, smilet i mørketiden

Uden afgrund

Uden afslutning

Plucked off the street, my seesaw soul

No one had the courage to sleep, so we mistranslated each other for hours

A being so incongruent that I'd never be able to understand either
    her words or mine

Miming into effervescent intimacy

Surrounded

In the midst of it all

Wrapping myself in them like a veil

They may as well have been ghosts

The continuation seems unstoppable

As long as the world's poison stocks are not yet depleted

Flattened banknotes in small envelopes

Currency in whirlwind

You reappear, the smile in the dark

Without abyss

Without end

17.

Shinjuku er et spindelvæv

17.

Shinjuku is a cobweb

18.

Luften har ingen tyngde

Selvom alt her ånder i den

Nogle væsker drikker jeg, andre eksisterer frit i deres eget våde hele

Sammen med jorden

Nogle planter lever deres liv flydende oven på vandet, og nogen gange
     flyder jeg som dem

Her, mere end andetsteds, lever dagen og natten i sine egne
     adskilte verdener

Solens stråler skinner ned gennem træernes tage

Lyset endnu ikke elektrisk

Sover på gulve klods op af mine brødre

Falder aldrig i søvn men bliver slået ud af nattens endeligt

Beskedne undergerninger holder mig i live, mader mig med svært-forståelig
     mening

Der var tider hvor overlevelse var en kamp, nu er er den nærmere en dans

Forlanger blot overflod

Som opkast spildes en hel by ud af et overflødighedshorn

Kaskader af smag skylles uagtsomt hen af vejen

Bar hud over skuldre, blussende kinder

Nedslåede øjenlåg kigger kun flygtigt op

Mådeholdenhed løsnes som timerne skrider hen

Indtil svælgets gab står helt åbent

The air has no density

Although all that's here breathes it in

Some liquids I drink, others exist freely in their own fluid whole

Along with the earth

Some plants live their lives floating on top of water, and sometimes
I float like them

Here, more than anywhere else, day and night live in their own
separate worlds

The rays of the sun shine down through treetops

The light not yet electric

Sleeping on floors bricked up alongside my brothers

Never falling asleep but getting knocked out by night's end

Modest marvels are keeping me alive, feeding me with indecipherable
meaning

There were times when survival was a struggle, now it's closer to a dance

Demanding mere abundance

Like vomit, an entire city is spilled out of a cornucopia

Cascades of taste carelessly pouring down the road

Bare-skinned shoulders, blushing cheeks

Downcast eyelids look up only fleetingly

Moderation loosens as the hours tick by

Until the throat is gaping wide open

Kondensvand, fiskeskiletter, små dyr, suppefond, hvidvin – alt hældes
i tøndevis derned i kontinuerlige strømme

Kærlighedsløst petroleum

Condensation, fish skeletons, small animals, soup stock, white wine—
  everything is poured in barrels through continuous streams

Loveless petroleum

19.

Hælder sukker i teen til den ikke længere er flydende

19.

Pouring sugar into the tea until it's no longer liquid

Du lod mig mærke din puls

Bankende gennem de spæde lemmer

To finder sammen i øjeblikkets summende rus

Et grebet moment af drifternes syngende stemmer

Hvem komponerer den luft der leder os til foden af nærværets tempel

Måske der findes en vilje uden om os selv, en kraft uden størrelse eller
  mængde

Du gav mig din mund, jeg drak, for tørst er min lænke

Da fandtes jeg for dig, som du gjorde for mig

Og gjorde det indtil nattens skib det blev sænket

20.

You let me feel your pulse

Beating through the frail limbs

Two find each other in the buzzing high of the moment

A moment captured by the singing urges

Who compose the air that leads us to the foot of the temple of closeness

Perhaps there is a will outside of ourselves, a force without size or quantity

You gave me your mouth, I drank, 'cause thirst is my shackle

Then I existed for you, as you did for me

And did so till the night's ship had been sunk

21.

Selv dage efter summer mit hoved stadigt

21.

Even days later, my head is still reverberating

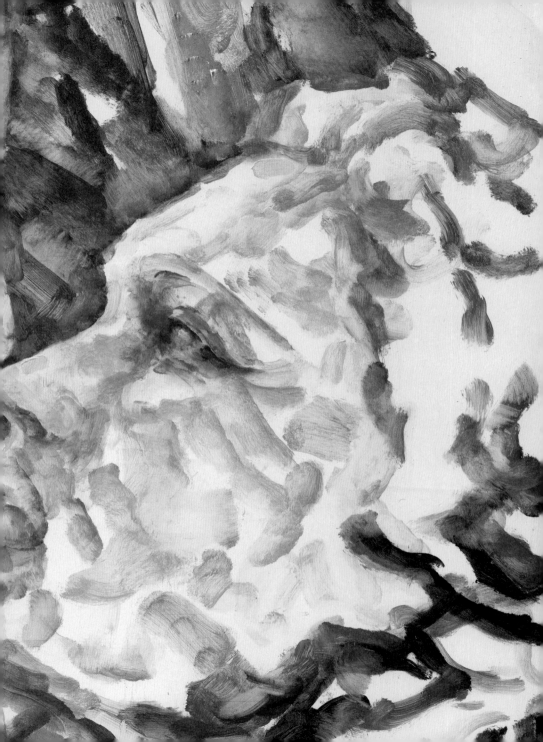

Luftbårne signaler om uvis forsoning

Transmitterende

Bevægelse med en ynde der kunne positioneres på vandet som for ikke
    at synke

Hende som trodser tyngdekræften og stepper hen over åkanderne

En, to, tre, fire

Dunlette skridt nøje placeret i hastigheden

Skuffelserne, modgang, tvivlen og vreden kan hun kun skøjte henover

I springet kan de ikke hive dig ned

22.

Airborne signals of a pending reconciliation

Broadcasting

Movement with a grace that could be positioned on the water so as not
to sink

She who defies gravity and steps over the water lilies

One, two, three, four

Footsteps light as goose down, carefully placed in the haste

She can only skate over the disappointments, adversity, the doubt and anger

In the leap, they cannot pull you down

Jeg har tæret fra kødet som én af mange rotter til et gigantisk kadaver

En mave fyldt med blod, fra et fredfyldt mysterium

Dem som hun har elsket, siden hun var en lille pige

Dem som svømmer tonstunge under overfladen i deres egen majestætiske ro

Lange seje sener trækkes elastisk fra hinanden, trukket af tænder

Se mig nu

Duften af døden på mine fingre, rumlen af fordøjelse i min mave

En rungende samvittighed

At føle sig som medløber i pervers udåd

Alle disse mænd, med deres shorts og deres skæg, tilfredsstillede og
  tilbagelænede med deres øl og t-shirts, lapper i sig fra truget

Uvidende om at snart kommer vognene der skal sende dem selv til
  slagtehallen

Jeg, den angrende gernings mand, vil forsøge at slippe bort

Og jeg vasker mine hænder rene i det saltvand hvor min skyld blev født

I have torn from the flesh like one of many rats to a giant carcass

A belly filled with blood from a serene mystery

The ones she's loved since she was a little girl

Those who swim heavy beneath the surface in their own majestic tranquility

Long tough tendons are torn elastically apart, pulled by teeth

Look at me now

The smell of death on my fingers, a rumble of digestion in my stomach

A resounding conscience

To feel like a hanger-on in perverted transgression

All these men, with their shorts and their beards, satisfied and laid back
      with their beers and T-shirts, gulping from the trays

Unaware that soon the wagons will send themselves for the slaughterhouse

Myself, the repenting perpetrator, will attempt to flee

And I wash my hands clean in the salt water from which my guilt was born

Dig der slap bort,

Du ligger et sted her i nærheden

Jeg cirkulerer i den ring som er blevet aftegnet

Jeg ved ikke hvad man skal regne det der ligger tilbage af dig for

Dog føles det stadigvæk som et besøg

En fjer fra en skade er landet ned imellem rillerne på et offentligt askebæger

Ved siden af kirkegårdsbænken

Jeg kan ikke finde dig, men jeg vil prøve igen og jeg kan mærke dig et sted her
    i jorden

Nogle vil væk fra denne verden og det er du kommet,

Men ikke helt væk fra os der stadig kan se dine flammende øjne når vi
    lukker vores

24.

You who slipped away

You lay somewhere nearby

I circulate in the ring that has been drawn

I don't know what to make of what remains of you

Although it still feels like a visit

A feather from a magpie has landed between the grooves of a public ashtray

Next to the cemetery bench

I can't find you, but I'll try again and I can feel you somewhere here
      in the ground

Some want out of this world and so you did,

But you're not entirely gone for we who can still see your flaming eyes when
      we close our own

25.

Det er tid til at anbringe hovedet på græsset, falde ind og ud af hvileløs søvn

Til at blive jaget af solen hvis gradvise bue skinner i dit skjul, indtil du må
    søge mod nye gemmesteder

Det er tid til at sidde stille og lade verdens kredsløb dreje rundt om dig, før
    du igen kastes tilbage i rotationen

Til at lytte til de forbipasserende stemmer, lade deres ord smelte om til
    betydningsløse lyde der forsvinder i det fjerne

Det er tid til at vinden vil hviske hvislende hemmeligheder i dine ører,
    berøre blottet hud i let blæste bølger

Til at skyggerne danner rum, midlertidige områder i en olietynget luft

Det er tid til at lade minutter passere uregelmæssigt, frarøvet form
    og matematisk målestok er de i én og samme stund flydende og
    stillestående

Til at lade blade svaje og ryste i individuelle tempo, mens de beroligende
    understreger at alting er levende og at alle lunger trækker vejret præcis
    ligesom dine

Det er tid til at farverne hviler på deres overflader, i silkelignende nuancer
    fra det dybeste mørke frem til et funklende blankt lys

Til at lytte til fuglenes kald, flyvende over dig synger de i gåder der kun
    vedkommer dem

It's time to lay your head on the grass, to fall in and out of restless sleep

To be chased by the sun, whose gradual arc shines in your refuge, until you
must search for new hiding places

It's time to sit still and let the world's orbit revolve around you, before
you're thrown back into rotation

To listen to the flitting voices, let their words melt into meaningless sounds
that disappear into the distance

It's time for the wind to whisper muttered secrets in your ears, touching
bare skin in the lightly blown influx

For the shadows to form spaces, temporary areas in an oil-laden air

It's time to let minutes pass irregularly, robbed from form and
mathematical scale, they are at one and the same time fluid and
stagnant

To let leaves sway and shake at individual pace, while meekly stating that
everything is alive and that all lungs are breathing just like yours

It's time for the colors to rest on their surfaces, in silky hues from the
deepest darkness to a glimmering argent light

To listen to the call of birds, flying above you; they sing in riddles that
concern only themselves

26.

Den maskebærende sol falder ind gennem de duggede ruder

En grå due balancerer triumferende på en tynd pæl udenfor

Flakkende vinger og fastklemte kløer

Dæmpet trafik i det nærmere fjerne, som havets bølgesang og en let
hyletone i mine trommehinder

Solen bryder frem bag skyerne, lysets skarpe klinge skærer et åbent snit i
mit sindelag

Den indrammede Jomfru Maria kigger kærligt ned fra væggen ud over det
rodede rum og den overgroede have

Ligeledes gør en nobelkvinde med et blåtmalet ansigt

Jeg er bange for hvad der venter mig derude

Jeg glæder mig

Når roen kastes i flammerne

En uophørlig jungle

At komme under øjenkontakt med livet selv

The mask-bearing sun falls in through the misted windows

A gray pigeon balances triumphantly on a thin pole outside

Fluttering wings and pinched claws

Muffled traffic in the nearer distance, like the ocean's wavesong and a light ringing in my eardrums

The sun breaks out behind the clouds, its sharp blade of light cuts an open incision in my senses

The framed Virgin Mary gazes lovingly from the wall over the cluttered room and the overgrown garden

Likewise does a noblewoman with a blue-painted face

I'm scared of what's out there waiting for me

I'm looking forward to it

When the quiet is thrown into the flames

An incessant jungle

To come into eye contact with life itself

27.

Ved trinnet til en mør biografbygning ankommer denne kraftesløse mand

Langsomt trukne glemte trin, et plot der er gået skævt

Påskønnede ascendenter lever måske ikke til at se

Afkommet af deres spildte rigdom, en udvandet syltet søn

Ejendom engang bygget af hænder, stadigt stående til denne dag

Stående som altid, nu efterladt til sikkert forfald

Tidlig fuld med sprængte øjne og ubekvemme sanser

Fede fingre glider ind og ud af lommer, famler efter nøgler

Nogen har ikke forstået begrebet om hvad det betyder at tjene

Men tror at en moders ære overdrages efter tur

Du har ansat såvel som fyret, med magten til at udlodde

Og forvekslet velstand for hæder her ved din vejs ende

Jeg undrer mig over om han nogensinde har ænset sin egen kvalmende
    sørgmodighed

Proklamerer som en charlatan, men snubler over sine fødder

Et farvel er altid vanskeligt når ensomheden venter

Haltende efter selskab, hindret af sin vægt

Harmløse løgne, tynde alibier vævet ind i fortalte historier

Nogen taber sporet mellem sandhed og fantasi når de formoder at formlen
    er brudt

27.

At the steps of a measly cinema, this feeble man arrives

Slowly dragged forgotten steps, a plot that's gone awry

Forebearers of much great acclaim might never live to see

The offspring of their wasted wealth, a diluted pickled son

Property once built by hands, still standing to this day

Standing as it ever did, now left to sure decay

Early drunk with darted eyes and senses ill at ease

Fat fingers sliding in and out of pockets, fumbling for his keys

Some never grasped the notion of what it means to earn

Yet think the honor of a mother entrusts to them by turn

You've hired and you've fired too, with power to assign

Mistook prosperity for awe here at the end of your line

I wonder does he ever note the dolefulness of which he reeks

Proclaiming as a charlatan, yet stumbling on his feet

Goodbyes are always difficult when loneliness awaits

Limping after company, hindered by your weight

Harmless lies, thin alibis weaved into stories told

Some lose track of truth and fantasy when they think they've broken
  the mold

Blødtungede munde børster promenaden bleg

Ved daggry tygger pastelfarvede læber med appetit

Der er tandmærker i træerne, set i fyrets lys

Spændinger som selv den svageste gnist af flamme kan antænde

Spejlet i den harpiks som siver ned langs stammen

En tilstedeværelse med skæret fra en glasklar ædelsten

Spor af spyt lokket gennem skovklædte stier

Kandiserede huse og rester af væske

Fusende gennem grene, et ambient bifald

Det hele er her, ikke alt er tabt

28.

Soft-tongued mouths brush the boardwalk bright

At the break of dawn, pastel lips chaw with appetite

There are teeth marks in trees in the beacon light

Tensions that the faintest flicker of flame could ignite

Mirrored in the sap drooping down the stem

A presence with the gleaming of an opaque gem

Spit traces baited via forested lanes

Candied houses and fluid remains

Seeping through branches an ambient applause

It is all here, not all is lost

Jeg er kystlinjens overvåger

Buer nedad væggene mens biler ruller ind

Regionens retryggede mænd samles på parkeringspladser

Kører omtåget langs snoede veje

En fredfyldt følelse af udødelighed i farernes ansigt

Antediluvianske klipper stiger fra venstre og højre med flygtige tinder

Hæver sig over os som for at fortælle at nogle ting i livet varer ved

Ja, kystlinjens overvåger

Gennem hver passeret dag forbliver udsigten intakt

Beskedne bevægelser, døsig i den større bestående stilhed

Skvulpende bølgeslag, én flygtig bevægelse erstattet af den næste

Hjul spinder ud af viadukten, et par fodgængere går forbi

Fuglene kvidrer med fremmede tunger, et nynnet kollektivt suk

I am the coastline's overseer

Arched along the walls as vehicles roll in

Congregated in parking lots are the region's rank backed men

Riding buzzed along the winding roads

A tranquil sense of immortality in the face of peril

Antediluvian cliffs rise left and right with elusive crests

Rising over us as if to tell, some things in life persist

Yeah, the coastline's overseer

Through each passing day, the view remains intact

Lazy modest movements in the greater perennial still

The current's crash, one fleeting movement replaced by the next

Wheels spinning out the underpass, a few pedestrians pass by

Birds chirping in foreign tongue, a hummed collective sigh

Jeg vil ikke elskes længere, ikke før jeg er klar

Ikke før jeg vækkes af vejarbejdernes kraner

Jeg kastede mig i verdens arme, nu nikker jeg blot genkendende til den

Oftes har jeg glemt at der er tid nok til at droppe ud, at der uden for
orkanens øje slet ikke findes en egentlig orkan

Billeder hængt i rammer før min tid startede her på jorden

Overalt er der efterdønninger fra livene før mit, store og små mærker

Tit banker man hovedet ind i søvnen, men i aften ligger den og venter på
mig som en gammel kær ven

Jeg har tænkt mig at spadsere ned af øde stræder for at gå den i møde

Tage hinanden i hånden og rejse ind i imorgen

I samhør

Trætheden en omfavnelse

Derhjemme findes en bøjle der savner min jakke

Jeg tømmer mit glas og begynder at gå

I no longer wish to be loved, not until I'm ready

Not until I'm awakened by the road workers' cranes

I threw myself into the arms of the world, now I just nod in recognition

Often I forget that there is enough time to drop out, that outside the
hurricane's eye there is no actual hurricane at all

Pictures hung in frames before my time started here on the earth

Everywhere there's remains from the lives before mine, large and little
imprints

Often the head is knocked into sleep, but tonight it lies waiting for me
like a dear old friend

I'm going to stroll down deserted alleys to greet it

Take each other by the hand and journey into tomorrow

In cohesion

The fatigue is an embrace

At home there is a hanger that misses my jacket

I empty my glass and start walking

Spændt på startblokkens fjedre

Klar til at blive skudt ud i et forkvaklet, slingrende løb med blottede kløer

Vi har endnu ikke bevæget os ud på det sidste togt, mere ravage må udføres
i opbruddets navn

Alle klinger skal skærpes, for virkeligheden skal forbløde med åbne sår

Mange har endnu ikke vidnet at blusset kan skrues meget længere op

Et rivejern til byens hud

Lad os se det bare kød under dets overflade

Der skal besudles før vi kan gøre hovedrent

Nogle sandheder gør først ondt for så at sætte fri

Lad os se hvordan de virkelige smerter vrider sig når bandagerne, for tidligt,
rives af

Man må fjerne sikkerhedsnettet for virkeligt at kunne føle springet

Tro giver vinger

Her hvor fornuften er utilstrækkelig hvis man rækker imod det tågede
himmellegemes højder

Suspended on the starting block's springs

Ready to be shot into a crooked, meandering barrel with open claws

We haven't yet moved out on the last crusade, more havoc must be carried
out in the name of disruption

All blades must be sharpened, for reality must bleed with open wounds

Many have not yet witnessed that the stove can be turned up much higher

A grater to the city's skin

Let's see the bare flesh beneath its surface

It must be sullied before we can sanitize

Some truths first hurt in order to set free

Let's see how the real pains writhe when the bandages, prematurely,
are torn off

You have to remove the safety net to truly feel the leap

Faith gives wings

Here where reason is insufficient, if one reaches toward the misty
heights of heaven

32.

"Frygt ikke"

32.

"Fear not"

Måske forblændet men klar til at kæmpe

Nye liv skinner som små guder parat til at tage deres første klodsede skridt
    ind i den verden der blev lagt dem forinden

Elsker til trods for forhængets fald

Afsløret

Står mod mennesket, træder videre ind i denne evigt omskiftende prisme

Hvert øjeblik er dit eget og det som er dit kan du vælge at videregive

Selv stridende imod, må alle ligge med lukkede øjne og frigivne tøjler
    i drømmenes favntag

Ingen mere end mennesket

Intet sted mere end her

Tak skæbne, kroppen kan begraves og opløses i jorden

Skovene ligger uden for byerne, gemmer på de efterladte hemmeligheder

Besøgte dem, men kunne ikke længere tale deres sprog

Forsøgte at fare vild i dem trods at de nedtrådte stier forhindrede mig

Gennem tiden uden pause

En dag bliver du født hvorefter du lever uafbrudt

Evnen til at skabe rum findes i noget så simpelt som en opfordring

Komfortens bluffende smil hænger over glorien, den hvisker;

Glem træerne, mosset og ukrudtets dialekt

Possibly blinded but ready to fight

New lives shine like little gods ready to take their first clumsy steps
into the world laid before them

Love in spite of the curtain's fall

Uncovered

Standing against man, stepping further into this ever changing prism

Each moment is your own, and what is yours, is yours to pass on

Even striving against, everyone must lie with closed eyes and released reins
in the bosom of dreams

No one more than human

Nowhere more than here

Thank God, the body can be buried and dissolved in the ground

The woods lies outside the cities, shrouding the secrets left behind

Visited them but could no longer speak their language

Attempted to get lost in them despite the trampled paths preventing me

Through time without pause

One day you're born after which you live uninterrupted

The ability to create space is found in something as simple as a proposal

The bluffing smile of comfort hangs above the halo, it whispers;

Forget the dialect of the trees, the moss and the weeds

Hvor er din utrættelighed?

Når du stikker spydet ind i bæstets øje må du ikke løbe bort i god tid;

Du skal lægge øre til stemmerne der runger nede ad helvedes gange

Er du ikke fristet?

Af vanviddets berusende frigørelse, dér hvor selvets velbefindende
    når ud til et tvivlsomt, mistet minde om et sindelag tabt

I floden

Hør, hvor det gungrer gennem vægge

Ophobende stød ryster vores lille båd

Drysser puds ned fra lofterne

Kan du huske hvor du kom fra?

Det er svært at følge med, så her følges vi

Gynger rytmisk

Forsøger at holde balancen

Fjernere

Ned

Where is your tirelessness?

When you jam the spear into the eye of the beast, do not run away in
    due time;

You have to lend an ear to the voices that resound down the hallways of hell

Are you not tempted?

Of the intoxicating liberation of lunacy, where the well-being of the self
    reaches a dubious, lost memory of a vanished state of mind

In the river

Listen, how it rumbles through walls

Growing thrusts waggle our little boat

Sprinkles plaster from the ceilings

Do you remember where you came from?

It's hard to keep track, so here we tag along

Swinging in rhythm

Trying to maintain balance

Further

Down

Vær mine vinger

Bristende og bærende, tumler igennem vejrets vakuum

Om der er klar bane eller om fjendtlige objekter siler imod os

Dine fjer lange og tætte

Tætte nok til at modstå det meste

Vær mine vinger, når du har båret os længe nok, vil jeg overtage og
    blive til dine

Når jægerne skyder dernede fra, flyver vi højere op

Fortløbende flakkende uhæmmet vingefang

Højere til dér, hvor man stadigvæk kan findes uden at blive fundet

Røde dråber daler mod jorden

Sive hen, migrere til at et "hvor" bliver til "vores"

Vær mine vinger, nu hvor de er trætte og slidte

Jeg skal bære dem på min ryg, spidserne slæbende langs jorden

I lyet vil jeg vaske dem i søen

Kysse hver en fjer

Lige indtil vi er parat til at stige mod den åbne himmel igen

Be my wings

Bursting and bearing, tumbling through the weather's vacuum

Whether there's clear trajectory or if adversary objects are shifting toward us

Your feathers long and dense

Dense enough to withstand most things

Be my wings, when you've carried us long enough, I'll take over and
      become yours

When the hunters shoot from below, we'll fly up higher

Continuous flapping unrestrained appendage

Higher up to where one can still be without being found

Red drops falling toward the ground

Sift by, migrate to a "where" becoming "ours"

Be my wings, now that they are tired and worn

I will carry them on my back, the tips trailing along the ground

In the sanctuary, I will wash them in the lake

Kiss every feather

Right up until we are ready to ascend toward the open skies again

En udstrakt arm, med åben håndflade imod nattehimlen

Klar til at gribe kvart-månen, hvis den skulle falde ned

Cirkler af mænd synger aftenen hen

Akkompagneret af harmonikaer og strengeinstrumenter

Forvaskede fodboldtrøjer

Som moskéernes tinder peger alting op imens mylderet fortsætter hernede

Pigen med de blå kontaktlinser græder fordi hendes ven løb afsted
    med vores kokain

Senere viste langt smukkere øjne at gemme sig bag det falske blå

Jeg jagtede en stemme fra et åbent vindue, fra etager ovenover

Fandt hende badet i rødt lys, hun optræder for klappende kvinder i deres
    pæneste kjoler

Gamle sange hvis mening jeg kun kunne gætte mig til

Forvildet op af endeløse trappetrin, mod en top jeg stadig ikke har fundet

Skæbner står malet i ansigterne der flyder forbi

Ligeså ejerløse som de frie dyr der lever i gaderne er vi

Færger mellem kontinenter adskiller vore nærtliggende kroppe

Over Bosporusstrædet

Vågner op hver morgen og opdager at dagen startede og fortsatte forinden
    og uafhængigt af mig

Kroppe bundet til bygninger med reb af løn

An outstretched arm, with palm open toward the night sky

Ready to catch the quarter moon if it should fall down

Circles of men sing into the evening

Accompanied by accordions and stringed instruments

Prewashed football jerseys

Like the towering pinnacles of the mosques, everything points upward
    while the multitudes continue down here

The girl with the blue contact lenses is crying because her friend ran away
    with our cocaine

Later, far prettier eyes appeared hidden behind the false blue

I chased a voice coming from an open window, from floors above

Found her bathed in red light, she sang for clapping women wearing their
    prettiest dresses

Old songs whose meaning I could only guess at

Wandered up endless steps, toward a peak I still haven't found

Fates are painted in the faces flowing by

We are as ownerless as the free animals that live in the streets

Ferries between continents separate our close-ranged bodies

Across the Bosphorus Strait

Waking up every morning to discover that the day started and continued
    before and regardless of myself

Bodies tied to buildings with ropes of salary

Med lange besværerede skridt knuger en gammel mand sig til en rollator
mens den ruller ned af de ujævne brosten

Jeg priser mig lykkelig for at mine skridt stadig er ubesværede

With long cumbersome steps, an old man clings to a walker as it rolls down
the uneven cobblestones

I count myself lucky that my steps are still effortless

Bønderne skal runge over byen for os alle

Hunden der plejede at følge mig gennem disse gader må være død nu

Jeg håber at jeg har passeret dens afkom

Løst bundet stof dækker forfaldne gavle, svinger som iturevne flag
i den stille vind

Aftryk imprægneret i lagner

Hver berøring efterlader et spor

Vinduet, et udsyn så vel som en refleksion

Flygter ud af vinduesruder, hængende over synet ned

Suspenderet imellem, fjern latter lader sig mænge ind i ordløse rammer

Det sammenfattede hele synes at kollapse under min madras

Plastik-vand glider i afbræk som en flod ned gennem min hals

Hendes recept har lagt min krop i chok over indtoget af noget ukendt

Stillestående er det som om at afstanden mellem mig og oceanet
per åndedræt bliver kortere

Hvis blot én af mågerne ville lande i den åbne vindueskarm og ytre dens
forfærdelige ene lyd,

ville jeg være i stand til at oversætte dens primale kald

Kigge i dens døde gule kuglerunde øjne

Relatere i vores fælles reptile enspor

Hvis jeg vejede næsten ingenting ville jeg klatre op langs planterne der
kravler langs husenes ydre vægge

The prayers will resound across the city for us all

The dog that used to follow me through these streets must be dead now

I hope to have passed its offspring

Loosely bound fabric covering dilapidated gables, swinging like torn flags in the still wind

Imprint impregnated in sheets

Every touch leaves a trace

The window, an outlook as well as a reflection

Fleeing out of windows, dangling above the sight down

Suspended between, distant laughter is crowding itself in wordless frames

The collected whole seems to collapse under my mattress

Plastic water slides broken like a river down my throat

Her prescription has put my body in a state of shock over the advent of something unknown

Stationary, it is as if the distance between me and the ocean becomes shorter per drawn breath

If only one of the seagulls would land in the open window sill and utter its one awful sound,

I would finally be able to translate its primal calling

Look into its dead yellow spherical eyes

Relate in our common reptile compulsion

If I weighed next to nothing, I would climb along the plants crawling up the outer walls of the houses

Op til tagene og, i åbent fald, dale ned som et blad mod jorden

Kysse hele denne bys svulstige læber

En opsugning af mening

Stiger op via flygtig snak

I svævende bevægelse rider jeg ned over pladserne

Skyllede de resterende stoffer ud i toilettet

End ikke hunden synes interesseret i mit nærvær, jeg skal heller ikke
bruge dens

Små børn kan ytre lyde som rabiate dyr, en evne som vi sidenhen mister

Det gør ikke ondt at blive slået eller trampet på

Selv det værste udfald er ikke så slemt

Alt det spyt og sekret jeg slugte må være fordøjet nu

Kød der faldt over mit eget er nu igen fremmet og fjernt

Som i en feberdrøm der udspillede sig for lang tid siden

Hengivne åbninger af lyst

På én gang rovdyr og måltid

Sat fri, knugende til mindet som var det stadig en realitet

Slippes løs fra den indre favn

Med månen i min hånd

Up to the roofs and in an open fall descend like a leaf toward ground

Kiss the swollen lips of this whole city

An absorption of meaning

Rising up via fleeting gossip

In a hovering motion, I ride across the public squares

Flushed the remaining drugs down the toilet

Not even the dog seems interested in my presence, nor am I in need
of its own

Young children can utter sounds like rabid animals, an ability we later lose

It does not hurt to be beaten or trampled on

Even the worst outcome is not all that bad

All the saliva and secretions I swallowed must be digested by now

Flesh that fell across my own is now again foreign and distant

As in a fevered dream that unfolded a long time ago

Devoted openings of desire

At once predator and prey

Set loose, grasping to the memories as if still fresh

Letting go from the inner embrace

With the moon in my hand

38.

I timerne væk fra hukommelsen

38.

In the hours outside of memory

Regnen er kommet for at rense mig

Tilsølet gennem mine parader og optog

Opsvulmet i det der vokser som afgrøder

Verden er opkaldt efter det der ligger under vores fødder; jorden

Her er dråberne kommet for at falde

Som et publikums klappende hænder

Her er der mere liv end jeg kan opsluge, så jeg løber med vandet
    langs kantstenene

I mangel på bedre

Bedre end mangel

Så gennemblødt at det ikke kan blive vådere

Bilernes lygter gentager sig henad asfalten

I kortlivede spejle

Dem som ikke kan gå itu

The rain has come to cleanse me

Sullied through my parades and processions

Swollen in that which grows like crops

The world is named after what lies beneath our feet; earth

Here the drops have come to fall

Like the clapping hands of an audience

Here there's more life than I can swallow, so I run with the water
along the curbside

For lack of better

Better than lacking

So soaked that it cannot get any wetter

The car's headlights repeat themselves on the asphalt

In short-lived mirrors

Those who cannot shatter

En elektrisk væske breder sig bagom huden

Spreder sig i kroppen, kravler langs væggene

Blodårer forgrener sig ud i den tomme luft, alt bankende under
en fælles puls

Det udtørrede er blevet væddet i en levende kilde, den som taler
sansernes stumme sprog

Stiger mod hovedet, hvisker med tusinde tunger

Som bølger, frem og tilbage

Efterlades med savnet, indtil det næste spøgelse skyller over dig

Dets uformelige lange fingre om din hals

Magtesløs men altvidende, forfører og overtaler

Væsken løber stadigt, varmt ned gennem halsen

Over skuldre, gennem galvaniserede rør

Slanger sig, øjeløs øjenkontakt

Smiler med hundredvis af opløsende ansigter

Du er blevet regnet ud

Spist indefra

Forført af det som ikke er

Udsmykninger i bevægelse, i dets løbende skæl

Det ved at du er her

Giv slip

40.

An electrical fluid spreads behind the skin

Spreads through the body, crawls along the walls

Veins branch out into the empty air, everything beating under
a shared pulse

The dry has been doused in a living elixir, one who speaks the
dumb language of senses

Rises to the head, whispers with a thousand tongues

Like waves, back and forth

Left behind yearning, until the next ghost flushes over you

Its long shapeless fingers around your neck

Powerless but all-knowing, it seduces and persuades

The liquid is still running, warm down the throat

Over shoulders, through galvanized pipes

Serpentine movement, eyeless eye contact

Smiles with hundreds of dissolving faces

You've been figured out

Eaten from the inside

Seduced by what isn't

Ornaments in motion, in its running scales

It knows you're here

Let go

Erkendelsen af at noget er dyrebart, uigenkaldeligt

En smag ligger ikke permanent på tungen, den hensygner

Vaskes gennem strømmen

Ikke alle Guder er godmodige

Ikke alle spændevider strækker sig mellem godt og ondt

Der er rigeligt at høre hvis man husker at lytte

The realization that something is precious, irrevocable

A taste does not lie permanently on the tongue, it dwindles away

Washed through the stream

Not all Gods are benevolent

Not all ranges span from good to evil

There is plenty to hear if you remember to listen

Lyserødt

Badende

Bevægelse

Kysset

Højtrystet

Stjålne blikke i frygt for at blive mødt

Et løsrevet virvar så tæt, men uden for rækkevidde

Hvilke stoffer er de på?

Opstrøgede skørter langs bløde ben

Hænder søger mod levende overflade

Elastiske tråde trækker i hofteholdere

Spændt ud, tæt siddende

Futilt

Opsøgende

Spejdende

Skuespillene

Mørkerødt

Blush

Bathing

Movement

Kissed

Loudmouthed

Stolen glances in fear of being met

A detached disarray so close, yet out of reach

What drugs are they on?

Folded-up skirts along soft legs

Hands searching toward living surface

Elastic threads pulling garters

Stretched out, close-fitting

Futile

Fetching

Scouting

Imitating

Dark red

42.

Solen er tilbage

Maler med skygger gennem det dalende lys

Den slags der er gylden og orange på bagsiden af mine øjenlåg

Venter på at du kommer hjem og lyser stuen op for mig, når mørket er
   faldet på

Næsten ligeglad med hvad du har lavet, men jeg glæder mig til at
   høre om det

For jeg elsker at høre dig fortælle

Og jeg elsker at se dig stråle, som du jo altid gør

Selv igennem dine tårer

The sun came back

Painting with shadows through the fading light

The kind that's golden and orange on the back of my eyelids

Waiting for you to come home and illuminate the living room as dusk falls

Almost indifferent to what you've been doing, but I look forward to
hearing about it

'Cause I love to hear you talk

And I love to see you shine, as you always do

Even through your tears

En forbipasserende force ankommer uventet

Borte ligeså hurtigt som den havde vist sig

Som en hvid kronhjort dybt i skoven, nærmest selvlysende i tusmørket

Aldrig før på så tæt hold, førhen anet på afstand

Silhuet af gennemsigtig stråleglans

Sunget gennem myter

Vi måler os op mod vores helte

Overordnet, rival, sidemand

Slentrende, svæver ud af døre

Hvorhen en hemmelighed

A passing force arrives out of the blue

Gone as sudden as it came

Like a white-red stag deep in the forest, almost luminescent in the twilight

Never before at such close quarters, before hinted-at distance

A silhouette of transparent radiance

Sung through myths

We measure ourselves against our heroes

Superior, rival, peer

Strolling, hovering out of exits

A secret whereto

Padler med årer plantet i transformationens vuggende flod

Frø plantet på tunger eksploderer som fyrværkeri skudt igennem
centralnervesystemet

Indtil tanker og sprog blev opløst som brusetabletter i virkelighedens
postevand

Med hundrede heste galoperende gennem brystet, i et udtværet virvar
søgende efter kontakt

Overophedede cylindre sprutter med forkerte brændstoffer, indtil enheden
kammer over

Kul skovles kontinuerligt ind i den den flammende ovn

Brænder henover morgendagens landskaber

Fingre flettes i alle retninger mens hastigheden tager til

Indtil ilden, dansende på kullet, blev til glimtende gløder tindrende som
den stjernehimmel der allerede er forbi

Årernes strøg har næsten ført os hjem, hold ud lidt endnu

Søvnen kommer nok engang

En genfødsel er på vej

Paddling with oars planted in the rocking river of conversion

Seeds planted on tongues explode like fireworks shot through the central nervous system

Until thought and language were dissolved like effervescent tablets in the tap water of reality

With a hundred horses galloping through the chest, in a smeared mess searching for contact

Overheated cylinders splash with wrong fuels, until the unit boils over

Coal is continuously shoveled into the flaming furnace

Burning across the landscapes of tomorrow

Fingers braided in all directions while the speed increases

Until the fire, dancing on the coal, turned to glistening embers that sparkle like the starry sky that already ceased to be

The strokes of the oars have almost led us home, hold on a little longer

Sleep will come someday

A rebirth is on its way

Jeg ønsker at gå i en skov der aldrig ender

Hvis eneste udmundinger er til havet

Solen rejser henover himlen for at minde os om at tiden forgår

I bevægelse med lukkede øjne

I want to walk in a forest that never ends

Whose only estuaries are to the sea

The sun travels across the sky to remind us that time passes

In motion with closed eyes

Provisoriske paradiser

Hvor kan jeg jage?

Mine landsmænds smagsløg frastøder mig af bar pedanteri

Luften mine lunger trækker her holder mig kun halvt i live

Et liv uden længsel er ikke et helt liv levet

Helligt levet

Med blodspor gennem min egen tids maraton

Hvor fra kom den ro der i dag ligger over byen

Man skulle tro at der var faldet en bombe

Det føles som om at folk har forladt deres skjulesteder og kigger på det
forandrede gadebillede med nye øjne

Men bygningerne står her endnu

Forårets indtog kom ikke med et brag, det har sneget sig ind i ly af natten

Mens jeg sov har det svøbt sig over os

Snart vil bladene blomstre, hvor jeg dog håber på at jeg vil gøre det samme

Må verden dufte af mere

Jeg vil kaste min skygge op langs væggene

Som en sløret skikkelse, på én gang aktualitet og fatamorgana

Når du har lært lyet at kende er det tid til at bosætte sig i stormen

Det liv som ikke findes endnu

46.

Provisory paradises

Where can I hunt?

The taste buds of my countrymen repel me in their bare pedantry

The air my lungs draw here is keeping me only half alive

A life without longing is not a life wholly lived

Holy lived

Tracing bloodstains through the marathon of my time

From where came the peace that today shrouds the city

One would think that a bomb had fallen

Feels as if people left their hiding places and are now looking at the
changed street scenery with renewed eyes

But the buildings are still standing

The onset of spring did not come with a bang, it has crept in through the
shelter of night

While I slept, it enveloped us

Soon the leaves will blossom, how I hope I'll do the same

May the world's scent embellish

I want to cast my shadow up along the walls

Like a blurred figure, at once fact and fata morgana

Once you know the haven, it's time to settle into the storm

The life that does not yet exist

Horisonternes truende invitation hiver mig imod det påfølgende

Synkende, dalende

The threatening proposition of the horizon pulls me toward the subsequent

Sinking, descending

ACKNOWLEDGMENTS

The author wishes to thank Lulu Marie Pedersen, Sabitha Söderholm, Julie Mendel, DX Stewart, Elizabeth Peyton, Lara Sturgis, Jules Estèves, Mikkeline Sofie Larsson, Mark Iosifescu, Solveig Asplund, Jesse Pollock, and Martha Ormiston.

NOTE ON THE ILLUSTRATIONS

The lines and brush strokes of Elizabeth Peyton light up a world where at times fluorescent colors sit on top of our natural dimness as if to suggest the color of feeling—the spellwork of the inner eye.

It is a world in which history lives right next to the present, where fiction neighbors the factual, the dead walking the same hallways as the living. There's an immaculate fascination and empathy with them all. An inherent romantic will that insists on giving the necessary attention to what matters, at once operatic and tender in its scope.

One thing that always captured me in Elizabeth's portraits are the eyes of her subjects. It's as if the world outside the frame of the canvas is somehow mirrored—a drawing with an inner life. It can be gazed into, in the same way that people can be gazed into. Here, the story arches further than what's on the page. The fairytales are real because we say so.

E. B. R.
Jan 2023

First published in the United States of America in 2023 by
Anthology Editions, LLC
87 Guernsey St., Brooklyn, NY 11222
anthologyeditions.com

Editor: Mark Iosifescu
Assistant Editor: Solveig Asplund
Designer: Martha Ormiston
Art Direction: Elizabeth Peyton and Jules Estèves
Illustrations: Elizabeth Peyton

First Edition
ARC 120
Printed in China on FSC Certified Paper
ISBN: 978-1-944860-57-8
Library of Congress Control Number: 2023931340